D1218457

Nota para los padres

DK READERS es un nuevo y sugestivo programa para la iniciación a la lectura, desarrollado con la colaboración de un equipo de expertos en la didáctica del lenguaje, entre los que destaca la Dra. Linda Gambrell, Presidenta de la Conferencia Nacional de Lectura y antigua consejera de la Asociación Internacional de Lectura.

Combinamos bellas ilustraciones con textos entretenidos y sencillos, con el fin de ofrecer una aproximación amena a cada tema. Cada volumen de nuestra serie DK READERS captará el interés del niño al tiempo que desarrolla sus destrezas de lectura, cultura general, y pasión por la lectura.

El programa de DK READERS está estructurado en cuatro niveles de lectura, para que usted pueda hacer una elección precisa y adecuada a las aptitudes de su hijo.

Nivel 1 – Primeros pasos
Nivel 2 – Lectura asistida
Nivel 3 – Lectura independiente
Nivel 4 – Lectura avanzada

Dado que la edad "normal" para que un niño empiece a leer puede estar entre los tres y los ocho años de edad, estos niveles han de servir sólo como una pauta general.

Pero sea cual sea el nivel, usted le ayudará a su hijo a aprender a leer... y a leer para aprender.

LONDRES, NUEVA YORK, MÚNICH,
MELBOURNE, y DELHI

Editora Shaila Awan
Directora de arte Susan Calver
Editora principal Linda Esposito
Directora de arte principal Peter Bailey
Editora en EE.UU. Regina Kahney
Producción Kate Oliver
Investigación de fotos Martin Redfern
Asesora de historia natural Theresa Greenaway
Asesora de lectura Linda B. Gambrell, Ph.D.

Adaptación en español
Editora Elizabeth Hester
Directora de arte Michelle Baxter
Producción Chris Avgherinos
Asesor Producciones Smith Muñiz

Primera edición estadounidense, 2003
2 4 6 8 10 9 7 5 3 1
Publicado en Estados Unidos por DK Publishing, Inc.
375 Hudson Street, New York, New York 10014

Publicado en Gran Bretaña por Dorling Kindersley Limited.

A catalog record for this book is available from the Library of Congress.

ISBN: 0-7894-9519-8

Reproducción a color por Colourscan, Singapur
Impreso y encuadernado por L Rex, China

La editorial agradece su generosidad en conceder permiso para la reproducción de sus fotos a:
Clave: a=arriba, c=centro, b=abajo, l=izq., r=der., t=parte superior
Biofotos: C. Andrew Henley 14–15; **Bruce Coleman:** Gerald Cubitt 24br; M.P.L. Fogden 9bl; Peter Zabransky 17tr; **FLPA:** Larry West 23br; **NHPA:** Stephen Dalton 12–13, 27tr; **OSF:** G.I. Bernard 29br; J.A.L. Cooke 15tr; **Planet Earth Pictures:** Brian Kenney 26–27; **Warren Photographic:** Kim Taylor 13cr.
Portada: **Telegraph Colour Library**: J.P. Fruchet, imágenes de fondo; **Natural History Museum**: Colin Keates, tl
Fotos adicionales por Jane Burton, Neil Fletcher, Frank Greenaway, Colin Keates, Harry Taylor, Kim Taylor, Jerry Young
Todas las demás imágenes © Dorling Kindersley Limited.
Para más información conéctese a: www.dkimages.com

Vea nuestra línea completa en
www.dk.com

¡Insectos!

Jennifer Dussling

DK Publishing, Inc.

Escarabaj
cornudo

Libélula

¡Uff!

De cerca,

los insectos parecen terribles.

Pero tú no tienes por qué asustarte.

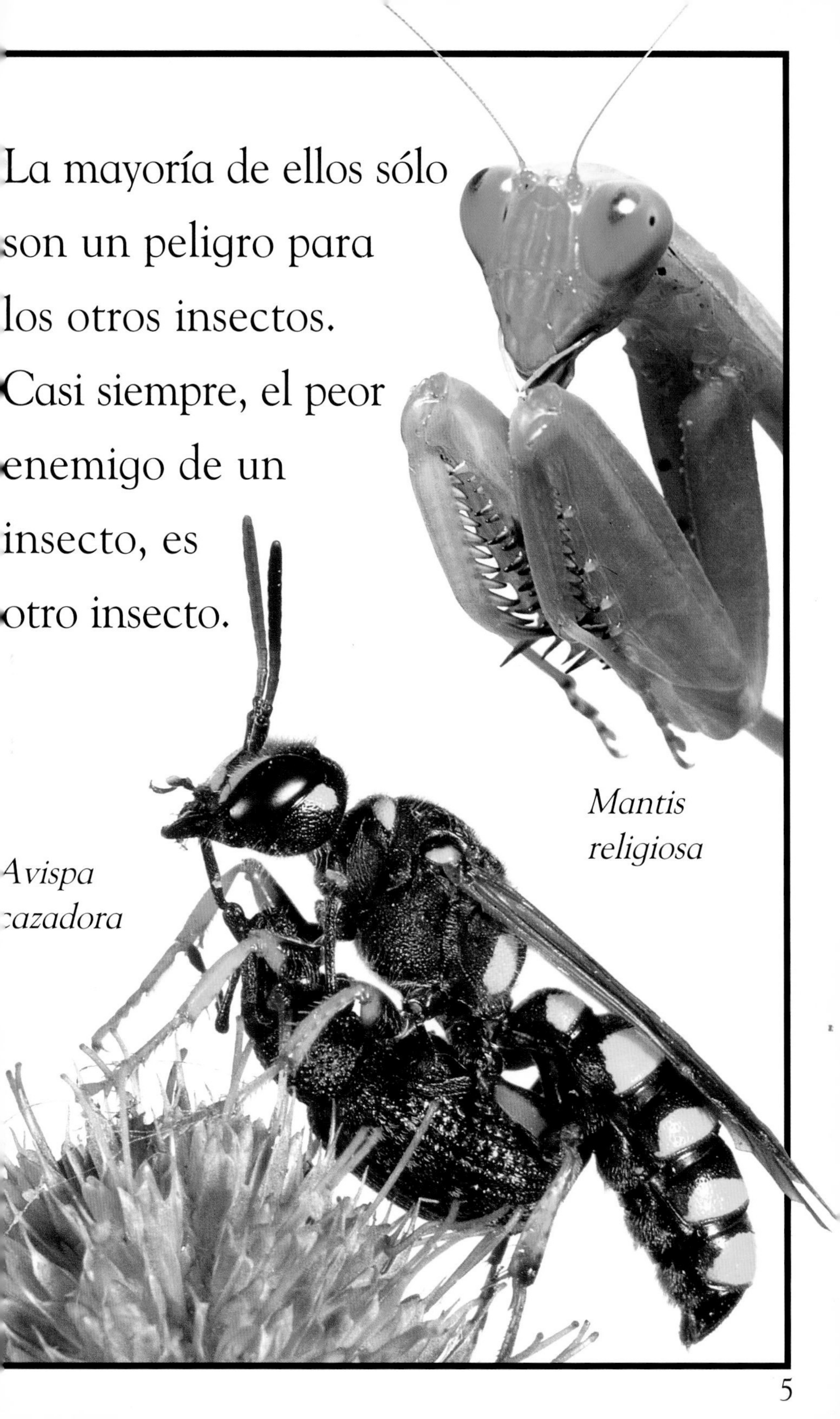

La mayoría de ellos sólo son un peligro para los otros insectos. Casi siempre, el peor enemigo de un insecto, es otro insecto.

Mantis religiosa

Avispa cazadora

Esta mantis religiosa se queda totalmente inmóvil.
Pero si eres otro insecto, ¡cuidado!
Una mosca se posa en una rama cerca de la mantis religiosa.
La mantis se queda mirándola fijamente con sus ojazos.

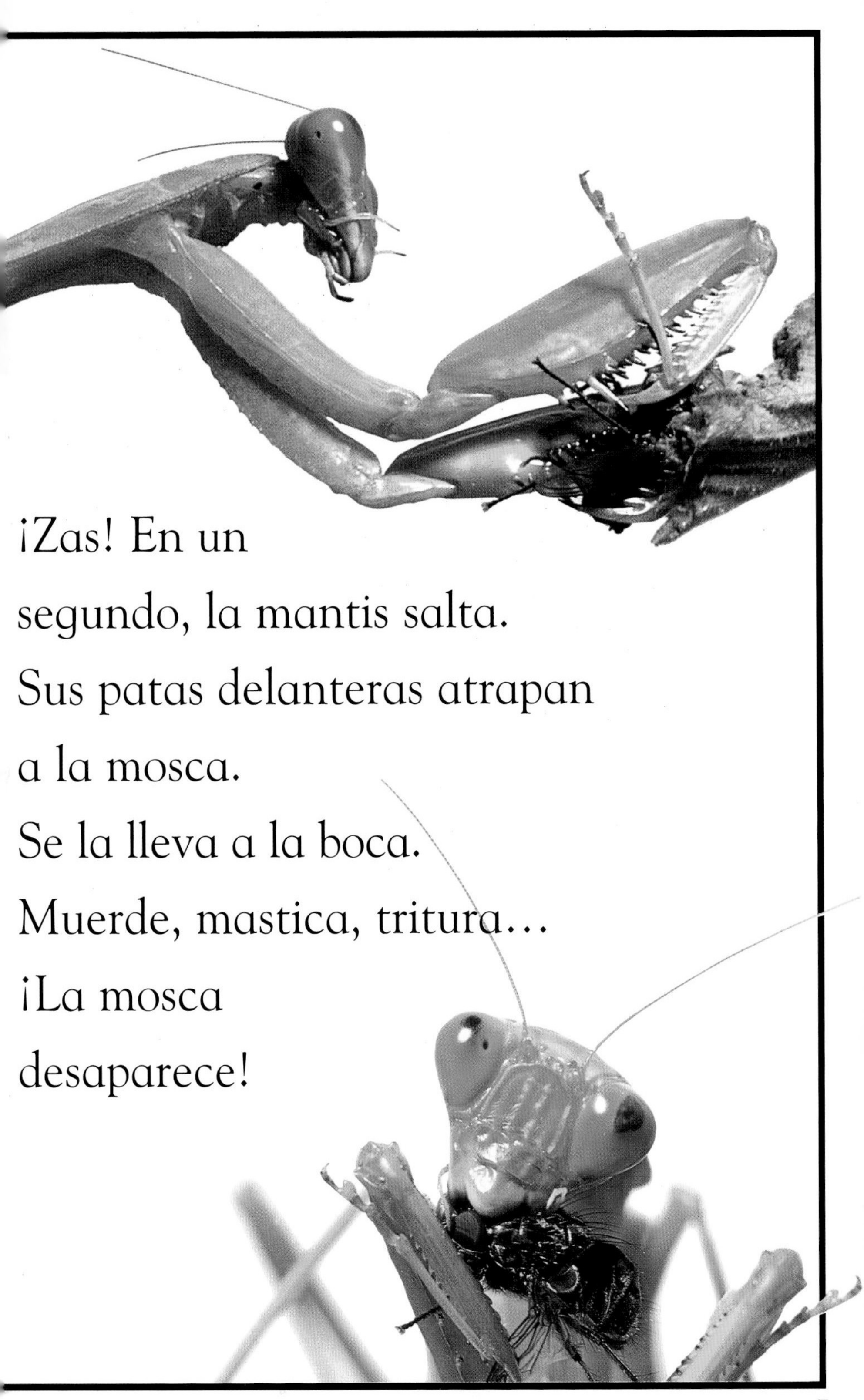

¡Zas! En un
segundo, la mantis salta.
Sus patas delanteras atrapan
a la mosca.
Se la lleva a la boca.
Muerde, mastica, tritura…
¡La mosca
desaparece!

Algunos insectos cazan a los otros no para comérselos, sino para alimentar a sus crías. Esta avispa cazadora acaba de picar a un escarabajo.

Después lo arrastra hasta su nido y pone sus huevos sobre el escarabajo. Cuando las pequeñas avispas cazadoras, todavía larvas, salgan de los huevos, se comerán al escarabajo.

Una cena peluda

Hay un tipo de avispa que caza grandes arañas para sus larvas. ¡A veces, también se apodera de la casa de la araña!

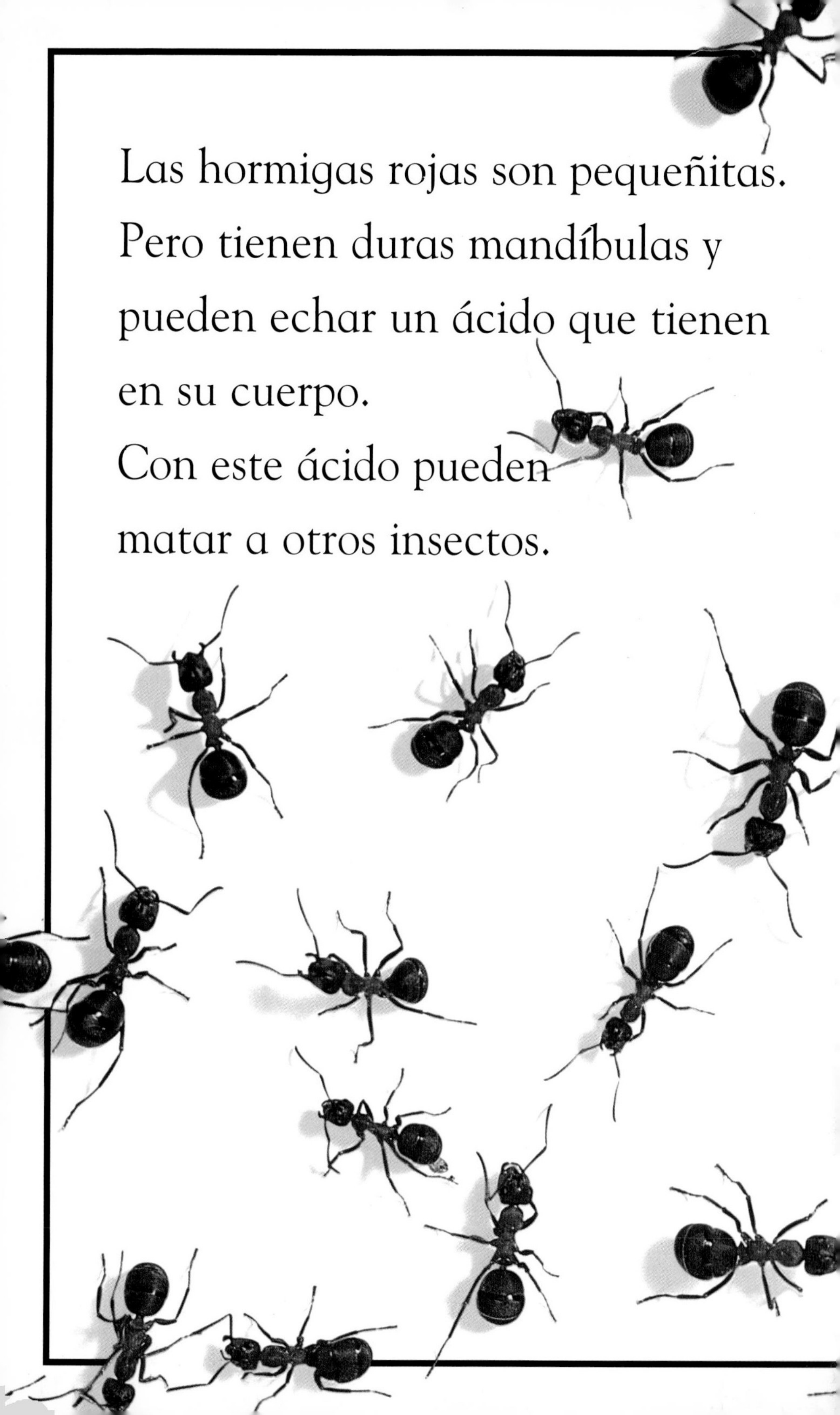

Las hormigas rojas son pequeñitas.
Pero tienen duras mandíbulas y
pueden echar un ácido que tienen
en su cuerpo.
Con este ácido pueden
matar a otros insectos.

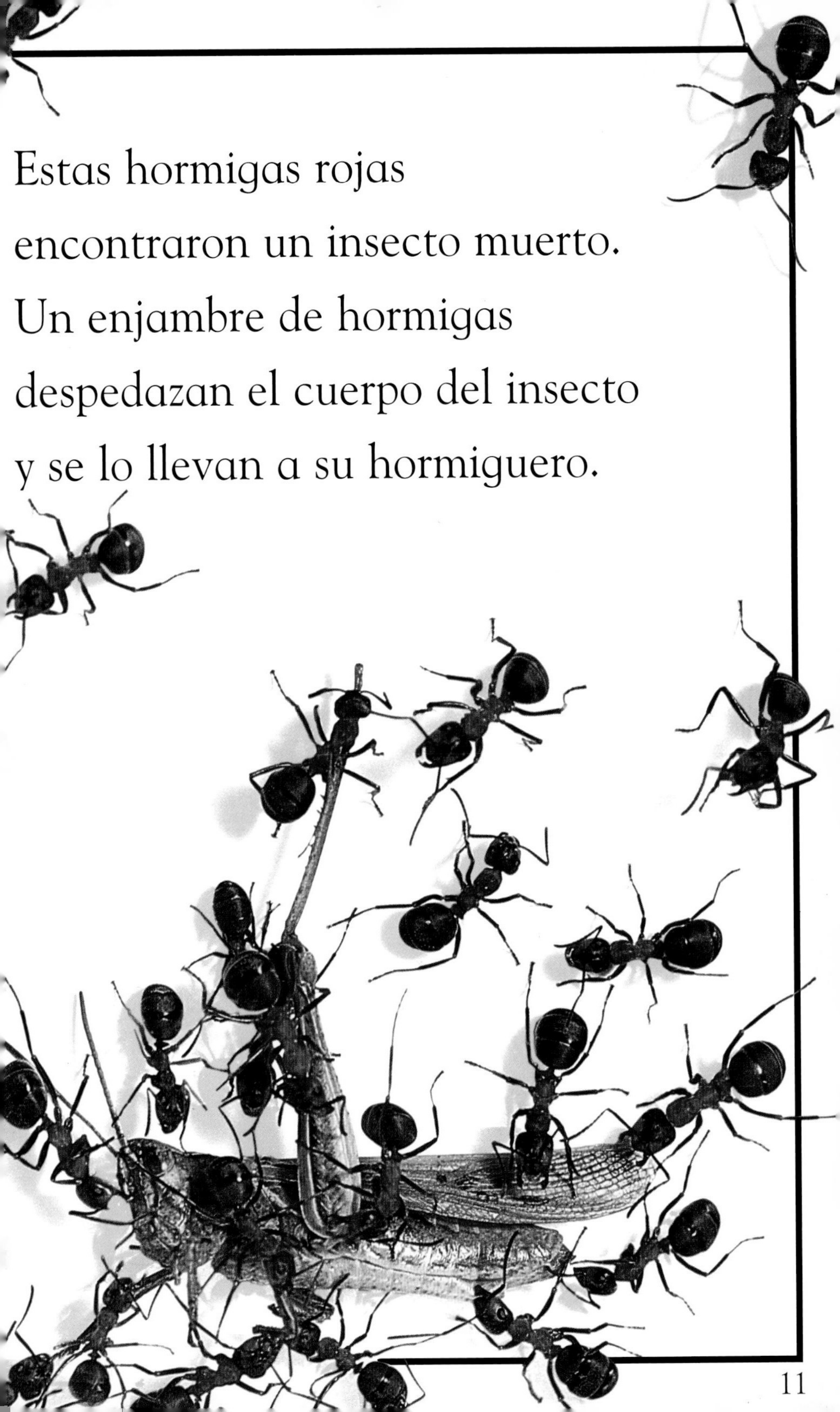

Estas hormigas rojas
encontraron un insecto muerto.
Un enjambre de hormigas
despedazan el cuerpo del insecto
y se lo llevan a su hormiguero.

Hace un día precioso en la laguna.
Un mosquito va zumbando
por encima de las aguas.
En ese instante,
una libélula se lanza en picada
y engulle al mosquito en
pleno vuelo.

Las libélulas son asesinos volantes que comen y comen sin parar. En media hora, una libélula puede ingerir una cantidad de comida igual a su propio peso. Es como si tú te comieras ¡250 bocadillos!

Un insecto prehistórico

Las libélulas ya existían antes que los dinosaurios. Esta libélula se descompuso hace millones de años. Pero dejó su huella en la roca.

Un asesino es una persona que
mata a otra a propósito.
La chinche asesina es un insecto
que hace honor a su nombre.

Chinches besuconas

A algunas chinches asesinas se las llama chinches besuconas porque les gusta picar a las personas en la cara.

Cuando caza otro insecto,
le inyecta su veneno.
Su veneno convierte el interior
del cuerpo del insecto
en una sopa.
Entonces la chinche
asesina chupa
esa sopa.

Él único insecto que debe
cuidarse del
escarabajo cornudo es
¡otro macho como él!
¿Y por qué se pelean?
Casi siempre por
la hembra.

Mandibulitas fuertes

Las mandíbulas de la hembra del escarabajo cornudo son más pequeñas. Pero su picada es más aguda.

Durante la pelea, los escarabajos se lanzan estocadas y después se agarran por las mandíbulas. Un escarabajo atrapa a su rival y lo voltea. El perdedor huye a toda prisa.

Oruga de mariposa monarca

¿Cómo logran sobrevivir los insectos con tantos insectos asesinos y otros tantos animales hambrientos?

Mosca

Escarabajo de resorte

Algunos insectos saben cómo engañar al enemigo. Pasa la página y verás cómo lo hacen.

Oruga de mariposa cartero

Las chinches hediondas tienen glándulas que producen malos olores.
Algunas chinches hediondas expulsan un líquido apestoso.
¡A cualquiera le quita el apetito!

También se les llama chinches escudo.
Algunas usan su cuerpo plano para proteger a sus crías de otros insectos y pájaros hambrientos.

La mariposa monarca parece fácil de atrapar y devorar.
Pero los voraces insectos y pájaros pasan de largo sin molestarla.
¿Por qué será?

En el mundo de los insectos, los colores vivos son como mensajes. El naranja brillante indica que la mariposa no tiene buen sabor. Hasta las orugas de mariposa monarca tienen un sabor espantoso.

Grandes cambios

Después de un tiempo la oruga se convierte en mariposa dentro de una dura bolsa llamada crisálida.

Oruga del bómbix

Los largos pelos de esta oruga se rompen fácilmente. Cuando sus enemigos tratan de atraparla, ¡se les llena de pelos la boca!

En la unión está la fuerza

Las orugas a veces se juntan en un montón. De pronto, levantan sus cabezas para asustar al enemigo.

Y esta espinosa oruga puede ser letal.
Las hojas que come hacen su
cuerpo venenoso.
El veneno no le hace nada a ella,
¡pero sí a sus enemigos!

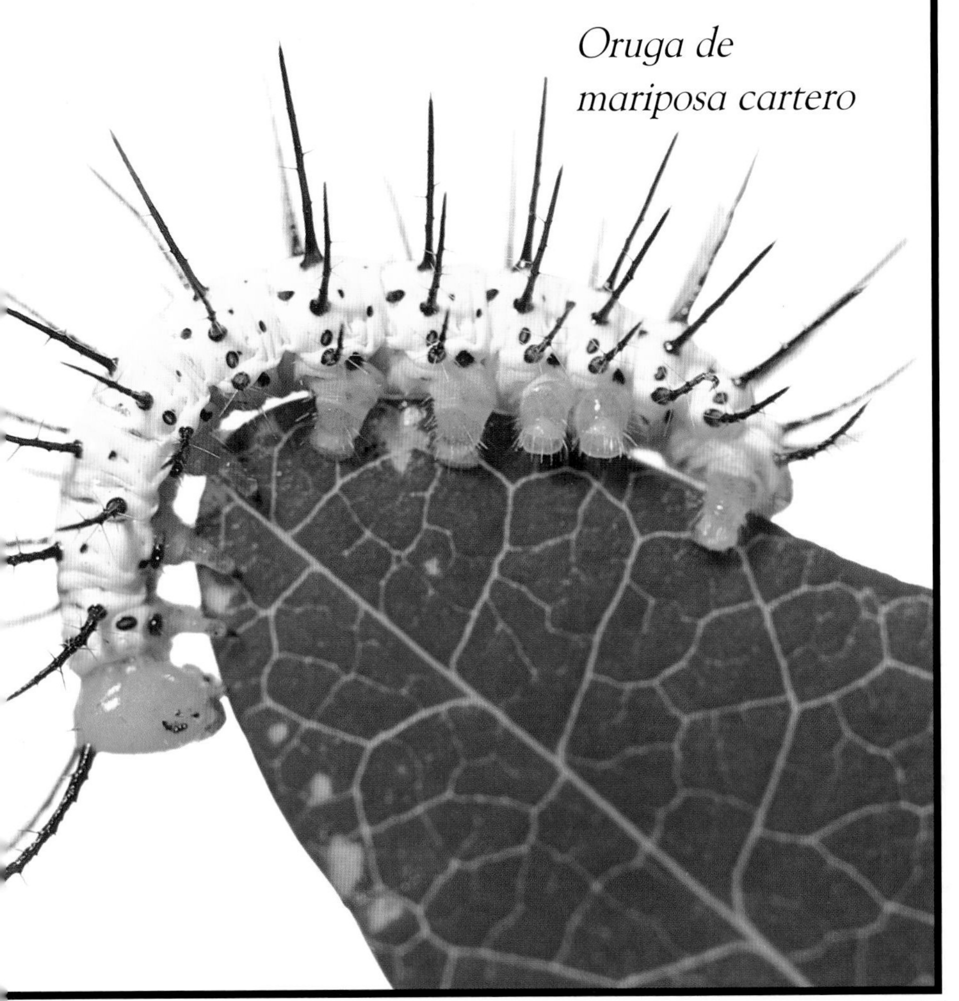

Oruga de mariposa cartero

Las chinches espinitas saben esconderse. Parecen una espina en la rama.
Un pájaro en busca de comida quizás no podrá verlas.

Las chinches espinitas son muy ingeniosas.
A veces se ponen todas en la misma dirección y se quedan inmóviles.

Para evitar que se lo coman este escarabajo de resorte tiene un ingenioso modo de escapar.

Arquea su parte trasera y salta en el aire.

Si el escarabajo cae boca arriba, se lanza al aire de nuevo, ¡esperando caer boca abajo esta vez!

La linterna

Algunos escarabajos emiten señales luminosas. Estas señales los ayudan a encontrar pareja.

Uno de estos insectos es una inofensiva mosca.
El otro es un avispón con un peligroso aguijón.
¿Sabes cuál es cuál?
¿No?

Pues la mayoría de los pájaros y los insectos tampoco lo saben.
Por eso no se meten con ninguno de los dos.

¿Todavía no ves las diferencias?
¡La mosca es la de la izquierda!

Datos sobre insectos

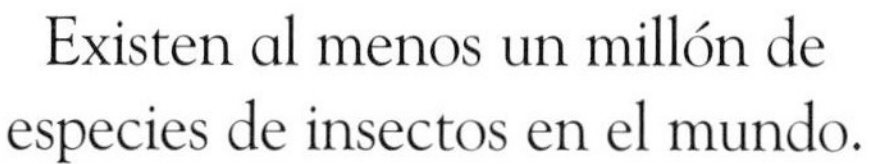

Existen al menos un millón de especies de insectos en el mundo.

A veces a los insectos se les llama chinches. Pero las verdaderas chinches son las que tienen trompas chupadoras afiladas para alimentarse.

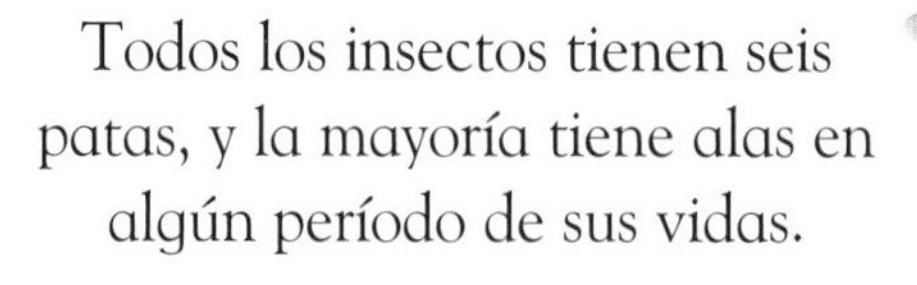

Todos los insectos tienen seis patas, y la mayoría tiene alas en algún período de sus vidas.

Mientras algunos insectos oyen por las patas, otros tienen el sentido del gusto en ellas.

Hay unos insectos que comen sin parar cuando son jóvenes. Pero cuando se ponen viejos no comen absolutamente nada.

Algunos insectos tienen una vista increíble y pueden ver colores que las personas no pueden ver.